dtv

An alle hübschen Hexen

Dieses Zauberbuch wird dich auf all deinen Wegen begleiten, dir helfen, deine Träume zu verwirklichen oder dich an jemandem zu rächen, der dir Unrecht getan hat. Die besten Hexensprüche der bezaubernsten Hexen aller Zeiten und Kulturen sind hier versammelt: Hexensprüche für Liebe, Sex, Gesundheit, Schönheit, Geld und Erfolg, Haus und Familie sowie eine glückliche Zukunft. Sie sind aufgebaut wie Kochrezepte, daher garantiert für den Hausgebrauch. Gib dieses Buch niemals aus der Hand, auch nicht leihweise an deine beste Freundin – die magische Energie, die Deborah und Athena auf dich übertragen haben, verliert sonst ihre Zauberkraft. Wer eine ebenso gute Hexe werden will wie du, der braucht unbedingt ein eigenes Exemplar. Und beachte vor allem das Motto dieses Buches: Die besten Hexen sehen immer phantastisch aus!

Deborah Gray studierte keltische Magie sowie die sogenannte weiße Hexenkunst. Ihr Druidenname Bellthane verleiht ihr ewige metaphysische Weisheit. Sie ist eine erfolgreiche Jazz-Sängerin und ein gefragter Showstar in Australien.
Athena Starwoman war sechs Jahre lang für das Horoskop der amerikanischen ›Vogue‹ verantwortlich und schreibt seit 1984 regelmäßig astrologische Kolumnen für das Magazin ›Star‹. Sie tritt weltweit in Fernsehshows auf und lebt zur Zeit in New York.

Wie du deinen Ex-Prinzen in eine Kröte verwandelst

und andere Hexensprüche für böse Mädchen

Von Deborah Gray und Athena Starwoman

Mit Illustrationen von Sue Ninham
Aus dem Englischen von Ulrike Ostermeyer

Achtung: Die Zaubersprüche in diesem Buch
dienen ausschließlich der Unterhaltung

Deutsche Erstausgabe
Mai 1997
Deutscher Taschenbuch Verlag GmbH & Co. KG, München
© 1996 Deborah Gray und Athena Starwoman
Titel der australischen Originalausgabe:
How to turn your Ex-Boyfriend into a Toad an other
Spells for Love, Wealth, Beauty and Revenge
HarperCollins Publishers. Pty. Limited, Sydney, Australia 1996
ISBN 0-7322-5701-8
© der deutschsprachigen Ausgabe:
1997 Deutscher Taschenbuch Verlag GmbH & Co. KG, München
Umschlaggestaltung: Balk & Brumshagen
Umschlagfoto: © Aldo Rossi, N.Y.
Satz: Design-Typo-Print, Ismaning
Gesetzt aus: Optima und Bauer Bodoni
Druck und Bindung: C.H. Beck'sche Buchdruckerei, Nördlingen
Gedruckt auf säurefreiem, chlorfrei gebleichtem Papier
Printed in Germany · ISBN 3-423-20014-X

Gewidmet all jenen, die dieses Buch kaufen.

Dies ist das erste interaktive Zauberbuch. Sobald es dir gehört, ist seine kraftvolle Wirkung aktiviert. Die magische Energie bleibt nur durch die Schwingungen deiner ganz persönlichen Zauberkraft erhalten.

HIER BERÜHREN, UM DIE ZAUBERKRAFT ZU AKTIVIEREN:

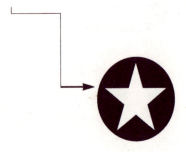

»*In der einen Hand hielt sie die*
Vergangenheit,
in der anderen – die Zukunft.«
Bellthane, Weiße Hexe, 1664

»*Glaube an dich selbst*
und an die allumfassende Macht der Liebe.«
Athena Starwoman und Deborah Gray, 1996

Inhalt

Einführung
Die besten Hexen sehen immer phantastisch aus 8

1. Hexensprüche für Liebe & Sex
Eine Liebesgöttin braucht das passende Schlafzimmer 13

2. Böse Hexensprüche für böse Mädchen
Nicht durchdrehen, sondern immer schön cool bleiben 36

3. Hexensprüche für Geld & Erfolg
Das Geld kommt zu dir, sobald du dafür bereit bist 58

4. Ich, Ich, Ich: Hexensprüche fürs Ego
Du bist, was du denkst 82

5. Hexensprüche für Heim & Familie
Die Liebe kennt viele Wege 94

6. Hexensprüche für den Rest deines Lebens
Du selbst bist die Meisterin deines Schicksals 108

★ Einführung

Einführung ★

Die besten Hexen sehen immer phantastisch aus

Ja, es gibt noch ein paar von uns, die darauf bestehen, wie Flower-Power- Hippiemädchen auszusehen – und auch wir müssen uns leider schuldig bekennen, in früheren Zeiten diese komischen Flatterkleider und ein paar speziell ausgewählte Liebesbänder um unsere zarten Fesseln herum getragen zu haben. Doch mittlerweile nutzen alle unsere wundervollen Hexenfreundinnen ausschließlich ihre magischen Kräfte und das Internet für ihre Hexensprüche, und sie duften nach Chanel Nr. 5 statt nach Patchouliöl. Egal ob wir uns nach der großen Liebe oder eher nach Erfolg im Beruf sehnen, seit jener Zeit, als Kleopatra Mark Anton und Bathseba eine ganze Nation eroberten, haben wir Frauen jede Menge magischer Zaubertränke gemixt, um das zu bekommen, was wir brauchen, und um uns selbst zu Glück und Erfolg zu verhelfen.

Einführung ⋆

Die Magie öffnet unsere Augen und Sinne für die Wunder und Geheimnisse, die uns in unserem Alltag umgeben. Um dir also dabei zu helfen, in jeder erdenklichen Lebenslage glücklich zu werden, haben wir die besten und wirkungsvollsten Zaubersprüche zusammengestellt, die wir kennen – Zaubersprüche, die Spaß machen und außerdem sehr einfach durchzuführen sind.

Anmerkung: Bei vielen Zaubersprüchen ist eine bestimmte Mondphase angegeben. Die meisten New-Age- und Esoterikläden führen Mondphasenkalender, die die nötigen Informationen enthalten.

MERKE

DIE BESTE

H

PHANTAST

N

EXEN SEHEN

IMMER

ISCH AUS!

Eine Liebesgöttin braucht das passende Schlafzimmer

Hexensprüche für Liebe & Sex

Wir können niemanden zwingen, uns zu lieben – aber wir können natürlich ein wenig nachhelfen. Wahre Liebe verbindet uns mit der Urkraft des Universums, und mit Hilfe des richtigen Zauberspruchs sowie der guten alten weiblichen Hexenweisheit können wir alle zu LIEBESGÖTTINNEN werden. Liebesgöttinnen sind wie die besten Hexen – sie sehen immer hinreißend aus und haben wundervolle Schlafzimmer.

In der Tat waren es Hexen, die die Zauberkraft weiblicher Schönheit erfanden. Schon in uralten Zeiten wußten sie sich selbst mit einer derart betörenden Aura zu umgeben, daß jeder Mann, der ihren Weg kreuzte, fasziniert war von ihrer Schönheit und gar nicht anders konnte, als sich sofort unsterblich in sie zu verlieben. Du solltest nur nach positiven und erfüllenden Beziehungen Ausschau halten und immer daran denken, daß es, wenn der Zauber wirken soll, äußerst wichtig ist, daß du faszinierend und anregend auf andere wirkst.

Kapitel 1

Der Ein Herz und eine Seele Spruch

Für diesen Hexenspruch benötigst du die folgenden Zutaten:

Ein sauberes weißes T-Shirt oder ein Kleid

Eine Schachtel mit Glitzerstaub

Ein Holzstöckchen oder einen Bleistift

Seien wir ehrlich, irgendwann in unserem Leben sehnen wir uns alle nach dem »perfekten Geliebten«. Wenn du, wie fast alle von uns, noch nach deinem wahren Prinzen suchst, dann ist dieser Hexenspruch genau der richtige für dich.

Dieser Spruch wirkt am besten in einer klaren Neumondnacht.

Nimm zuerst ein Bad oder eine Dusche. Ziehe danach deine weißen Sachen an und begib dich mitsamt der Schachtel mit dem goldenen Glitzerstaub und dem Holzstöckchen an einen sicheren und abgeschiedenen Ort, von dem aus du leicht in den nächtlichen Sternenhimmel schauen kannst.

Suche dir einen hellen Stern, der dir gefällt, und atme ein paarmal tief ein, so daß alle Anspannung aus deinem Kopf verschwindet.

Tippe mit dem einen Ende des Holzstöckchens in den Glitzerstaub, und während du die folgenden Worte aussprichst, zeige mit dem Stöckchen auf den Stern, den du dir ausgesucht hast:

Hexensprüche für Liebe & Sex ★ 15

Mit den folgenden magischen Worten beginne ich meinen Zauberspruch: Erhöre mich, o du geheimnisvoller Stern, erhöre mich wohl – möge dein zauberhaftes Licht mir die Liebe meines Lebens schenken.
Der Zauber wirkt – so soll es sein.

Dein Glitzerstaub besitzt nun eine magische Energie, deshalb solltest du etwas davon vor deiner Haustür verstreuen. Und wenn du das nächste Mal auf eine Party oder in die Disco gehst, dann nimm ein wenig davon mit und verteile es unauffällig hier und da.

Der Treuespruch

Für diesen Hexenspruch benötigst du die folgenden Zutaten:

Zwei pinkfarbene Kerzen

Eine Schüssel voll destilliertem oder Mineralwasser

Eine Muschel

In der Welt der Magie gibt es eine alte Weisheit, die für sich genommen schon ein wirkungsvoller Zauberspruch ist: *Etwas, das wirklich dir gehört, kannst du nicht verlieren.* Wenn du dennoch lieber auf Nummer Sicher gehen willst, daß deine andere Hälfte sich auch ja nicht zu weit aus deinen liebevollen Umarmungen entwindet, dann versuche es mit folgendem Zauberspruch.

Am besten wirkt der Spruch an einem Freitag, entweder um zwölf Uhr mittags oder um zwölf Uhr nachts, je nachdem, was dir gerade besser paßt.

Nimm ein entspannendes Bad oder eine wohltuende Dusche und trockne dich danach gut ab. Gehe nackt in dein Schlafzimmer, lege alle Zutaten auf einen Tisch oder eine flache Unterlage und setze dich, mit dem Gesicht zu deinem Liebesaltar gewandt, auf einen Stuhl. Stelle die Kerzen in einem Abstand von etwa dreißig Zentimetern auf, so daß die Wasserschüssel und die Muschel zwischen ihnen und dir Platz hat. Zünde die Kerzen an, lege die Muschel ins Wasser

Hexensprüche für Liebe & Sex ★ 17

und nimm dann, nachdem du alle negativen Gedanken aus deinem Kopf verscheucht hast, die Wasserschüssel in die Hand, während du die folgenden Worte sprichst:

Tethys, Göttin der sieben Meere, mach, daß mein Liebster mir treu bleibt – nur mir allein.

Stelle die Schüssel zurück auf den Tisch und tupfe ein wenig von dem Magischen Wasser hinter deine Ohren und dorthin, wo du den Puls an deinen beiden Handgelenken fühlen kannst. Verteile auch ein bißchen rund um das Bett, das du mit deinem Prinzen teilst. Du kannst ihm auch anbieten, daß du ihm ausnahmsweise mal seine Klamotten wäschst, und

dann etwas von dem Magischen Wasser in die Waschlauge geben. Solltest du vorhaben zu verreisen oder für eine Weile nicht zu Hause zu sein, verteile vorher sicherheitshalber ein bißchen von dem Wasser vor seiner und deiner Haustür.

Der Wie mache ich ihn heiß Spruch

Für diesen Hexenspruch benötigst du die folgenden Zutaten:

Eine Aufnahme deines allerliebsten Liebessongs

Kerzen (so viele du willst)

Zwei Räucherstäbchen mit Rosenduft

Ein paar Rosenblätter (frisch oder getrocknet)

Eine Faschingsmaske

Einen weichen Schal oder irgendeinen fließenden Stoff

Dein Lieblingsparfum

Einen Spiegel

Selbst Liebesgöttinnen versprühen nicht immer nur Funken, doch sei unbesorgt, der folgende Spruch wurde ausprobiert und für äußerst wirkungsvoll befunden.
Wenn dein Liebster nichts dagegen hat, wäre es natürlich toll, ihr könntet diesen heißen Zauber gemeinsam erleben. Er muß nur Schritt für Schritt den gleichen Instruktionen folgen wie du. Du kannst den Spruch natürlich auch allein durchführen – er wird in jedem Fall wahre Wunder wirken.
Die beste Zeit für diesen Spruch ist eine Voll- oder eine Neumondnacht.
Bereite dein Schlafzimmer vor, indem du leise, romantische Musik auflegst und Kerzen anzündest oder das Licht dunkler stellst. Zünde die Rosenduft-Räucherstäbchen an und verteile einige der Rosenblätter auf deinem frisch bezogenen Bett. Lege ebenfalls die Maske und den Schal auf dein Bett und nimm ein luxuriöses Bad oder eine Dusche (am besten natürlich zu zweit).
Trockne dich ab und gehe in dein Schlafzimmer zurück. Stelle dich in deinem Himmelskleid (steht

Hexensprüche für Liebe & Sex ★ 19

in der Hexensprache für »nackt«) vor deinen Spiegel und ziehe dir langsam die Maske übers Gesicht. Wickle den Schal locker um deine Hüften. Nimm dein Parfum zur Hand und tupfe dir ein wenig davon auf drei verschiedene Stellen deines Körpers – auf den Hals, zwischen die Brüste und auf den Bauch –, während du leise die folgenden Worte sprichst:

*Im Namen des Zaubers der Venus,
mit Hilfe der Leidenschaft Eros',
erwecke ich die Flammen der Lust.*

Nähere dich nun deinem Liebsten oder dem Spiegel, erhebe deine Hände, strecke die Handflächen nach vorn und sprich dabei den Namen deines Liebsten dreimal laut aus.
Das Folgende bleibt deiner Phantasie überlassen.

Hexensprüche für Liebe & Sex ★ 21

Der Vergiß-meinnicht Spruch

Die beste Zeit für diesen Hexenspruch ist eine Vollmondnacht.
Sammle alle nötigen Zutaten zusammen und suche dir einen ruhigen Platz in deiner Wohnung, wo du ungestört bist. Breite das weiße Tuch auf einer flachen Unterlage aus und lege die Pfefferminze, das Foto und die Unterhose deines Liebsten darauf. Nimm eine Dusche oder ein Bad. Trockne dich gut ab, ziehe deine eigene Unterhose an und sprich die folgenden Worte:

*Meine Liebe wird dich schützen,
meine Liebe wird dich umhüllen,
du wirst niemals vergessen,
daß meine Liebe tief und wahrhaftig ist.*

Nun ziehe die Unterhose wieder aus und lege sie zu den anderen Sachen. Nimm die vier Enden des Tuchs und binde sie mit dem roten Band zu einem Säckchen zusammen. Verstaue dein Vergißmeinnicht-Säckchen an einem sicheren Platz. Lege es in den Koffer deines Liebsten, wenn er verreist.

Für diesen Hexenspruch benötigst du die folgenden Zutaten:

Ein viereckiges weißes Tuch (ein Taschentuch reicht völlig aus)

Einen Zweig frische Pfefferminze

Ein Foto von dir und deinem Liebsten, auf dem ihr beide zu sehen seid

Eine Unterhose deines Liebsten

Eine von deinen sexy Unterhosen

Ein rotes Band

22 ★ Hexensprüche für Liebe & Sex

Der Heirate mich Spruch

Für diesen Hexenspruch benötigst du die folgenden Zutaten:

Nach Sandelholz duftende Räucherstäbchen

Zwei pinkfarbene Kerzen

Eine Tasse voll Sand

Einen ockerfarbenen oder braunen Lippenstift

Eine Schnur von ungefähr 2 oder 2,50 m Länge, zu einem Knäuel zusammengerollt

Wenn du von einer wundervollen Hochzeit träumst, dann warte bis zur nächsten Vollmondnacht und probier's mal mit dem folgenden Spruch.
Trage alle Zauberzutaten in dein Badezimmer und nimm ein entspannendes Bad oder eine Dusche. Nachdem du dich gründlich abgetrocknet hast, zünde, während du noch nackt bist, die Kerzen und die Räucherstäbchen an. Verstreue ungefähr eine Handvoll Sand auf einen Tisch oder eine flache Oberfläche und zeichne mit deinem Zeigefinger ein Strichmännchen in den Sand, während du an deinen Liebsten denkst.
Nun malst du mit deinem Lippenstift Kreise auf deine Stirn und nimmst das Knäuel Schnur zur Hand. Halte das Knäuel ganz hoch über den Sand und laß die Schnur langsam abrollen, während du die folgenden Worte sprichst:

O lange Schnur, mach, daß er mich liebt.
O lange Schnur, mach, daß er mich braucht.
O lange Schnur, mach, daß er mich heiratet.

Wickle nun das ge-

Hexensprüche für Liebe & Sex ★ 23

samte Knäuel ab, bis du nur noch die lange Schnur in der Hand hältst. Binde dir das eine Ende locker um deine Hüften. Während du jetzt das andere Ende über das Strichmännchen im Sand legst, konzentriere dich auf die Vorstellung, daß dein Liebster sich dir langsam nähert, so als ob du ihn mit der Schnur langsam zu dir heranziehst, und wiederhole noch einmal die nebenstehenden Worte.
Wenn du damit fertig bist, wickle die Schnur wieder zu einem Knäuel zusammen und verwahre es so lange wie nötig an einem sicheren Platz.

MERKE

EINE LIEBES GÖTTIN BRAUCHT DAS PASSENDE SCHLAF-ZIMMER

Der Spruch für ein romantisches Liebesleben

Für diesen Hexenspruch benötigst du die folgenden Zutaten:

Ein grünes Kleidungsstück

Ein Holzstöckchen

Ein paar Erbsen (getrocknet oder frisch)

Eine Tasse destilliertes oder Mineralwasser

Eine Blume

Deinen schönsten Liebesroman

Dieser Hexenspruch wird dich auf eine dauerhafte romantische Liebesbeziehung vorbereiten.

Die beste Zeit für diesen Spruch ist die Mittagszeit des ersten Sonntags eines Monats. Ziehe dir etwas Grünes an und begib dich, soweit vorhanden, in einen Garten und suche dir ein ruhiges und abgeschirmtes Plätzchen (wenn du keinen Garten hast, kannst du als Ersatz auch eine Topfpflanze mit frischer Erde verwenden).

Setze dich vor ein Beet, möglichst dorthin, wo gerade frische Erde aufgeschüttet wurde. Dann legst du alle Zutaten neben dich und verscheuchst erst einmal alle negativen Gedanken aus deinem Kopf. Zeichne mit dem Holzstöckchen im Uhrzeigersinn einen Kreis in die frische Erde, in dessen Mitte du die Erbsen vergräbst, und begieße die Stelle vorsichtig mit ein wenig Wasser. Wenn du damit

fertig bist, lege die Blume auf die feuchte Erde.
Nun steh auf und gehe langsam um deinen Magischen Kreis herum, während du die folgenden Worte sprichst:

*Kreis des Merlin,
rund, vollkommen
und erhaben
Wasser und Erde,
meinen Liebsten
sollst du zu mir
tragen.
Der Kreis ist vollbracht,
und der Zauber für
immer gemacht –
so soll es sein.*

Nimm die Pflanze aus dem Kreis heraus und lege sie für etwa zwölf Tage zwischen die Seiten des Liebesromans, bis sie ganz getrocknet ist.
Danach kannst du deine Magische Blume an einem sicheren Platz aufbewahren – sie ist dein Liebestalisman.

Der Traumfänger Spruch

Für diesen Hexenspruch benötigst du die folgenden Zutaten:

Eine Aufnahme deines liebsten Liebessongs

Eine Blumenduftkerze

Eine Glocke (oder Klingel)

Eine Feder

Ein Stück roten Stoff

Mit Hilfe dieses Hexenspruches kannst du dir deinen zukünftigen Prinzen schon einmal innerlich vor Augen führen. Denn schließlich wird behauptet: Hast du von deinem Liebsten geträumt, wird er bald darauf wahrhaftig vor dir stehen.

Die beste Zeit für diesen Spruch ist der erste Donnerstagabend eines Monats. Sammle deine Zutaten zusammen und suche dir einen hellen und luftigen Ort, an dem du allein sein kannst. Lege alle Zutaten auf einen flachen Untergrund oder einen Tisch. Laß die Platte oder die Kassette mit dem Liebessong laufen und mache es dir vor deinem Liebesaltar bequem. Zünde die Räucherstäbchen an und verscheuche alle stressigen Gedanken aus deinem Kopf, indem du ein paar Minuten lang tief und gleichmäßig einatmest. Sobald das Lied zu Ende ist, nimm die Glocke zur Hand und läute sie dreimal. Dann wedelst du mit der Feder in der Luft, und zwar dort, wo der Rauch des Räucherstäbchens aufsteigt, während du die fol-

Hexensprüche für Liebe & Sex ★ 29

genden Worte sprichst:

*Wächter meiner Träume,
bring mir mit dem Wind
die Umarmungen meines Liebsten.
Wächter der Nacht,
Laß mich das Glück meines Herzens sehen.*

Wickle die Feder in den roten Stoff und lege sie, wenn du an diesem Abend zu Bett gehst, unter dein Kissen.

Für diesen Hexenspruch benötigst du die folgenden Zutaten:

Ein Stück weichen Stoff, in pink oder weiß

Eine kleine Muschel (für die sexuelle Energie)

Einen neuen oder einen in Salzwasser gereinigten Schlüssel

Ein Haar oder eine Zeichnung von »ihm«

Zwei in einen roten Baumwollfaden gewickelte Nähnadeln

Etwas von deinem besten Parfum

Ein weißes Band

Der Ich bin einfach unwiderstehlich Spruch

Dies ist ein wunderbarer Spruch, um sicherzustellen, daß er dich für immer und alle Zeiten einfach unwiderstehlich findet.

Am besten wirkt der Spruch um Mitternacht bei Vollmond. Nimm alle Zutaten, außer dem weißen Band, und lege sie auf den Stoff. Schließe deine Augen und stelle dir vor, du seist von einem wunderschönen goldenen Licht umgeben, das dich mit Liebe und Energie erfüllt. Besprühe alles um dich herum mit ein wenig Parfum. Dann nimm die vier Enden des Stoffs und knote sie mit dem Band zu einem kleinen Säckchen zusammen. Trage diesen Liebestalisman bei dir, wann immer du dich danach fühlst. Du kannst ihn auch an einem sicheren Ort in deinem oder seinem Schlafzimmer aufbewahren.

Hexensprüche für Liebe & Sex ★ 31

Der Küß mich ganz schnell Spruch

Für diesen Hexenspruch benötigst du die folgenden Zutaten:

Nach Gardenien duftendes Badeöl oder Badesalz

Einen Spiegel

Eine rote Kerze

Ein Räucherstäbchen mit Rosenduft

Ein Räucherstäbchen mit Moschusduft

Deinen roten oder pinkfarbenen Lieblingslippenstift

Wenn du einen Mann willst, der einfach nicht nein sagen kann, dann versuch's mal mit diesem Spruch. Sobald er deine zauberhaften Lippen geküßt hat, wird er nicht mehr von dir lassen können!
Der Spruch wirkt am besten an einem Freitagabend.
Ein oder zwei Stunden bevor du dich mit deinem ersehnten Prinzen triffst, nimm ein ausgiebiges Bad oder eine Dusche und benutze ein paar Tropfen von dem Badeöl oder -salz. Nachdem du dich abgetrocknet hast, stelle dich nackt vor deinen Spiegel, zünde die Kerzen an und male mit dem Lippenstift die Umrisse eines Mundes auf den Spiegel. Erinnere dich nun daran, wie dein Zukünftiger aussieht und stelle dir mindestens dreißig Sekunden lang vor, du könntest sein Gesicht im Spiegel sehen. Tu so, als seien es seine Lippen auf dem Spiegel und flüstere ganz nah an »seinem« Mund die folgenden Worte:

Hexensprüche für Liebe & Sex ★ 33

*Rosige Lippen,
Lippen so süß,
meine Küsse
gehören dir,
sobald wir uns
sehen.*

Ziehe dich so sexy
an, wie du kannst,
und vergiß nicht,
deinen Küß-mich-
schnell-Lippenstift
aufzulegen.

Der Bring mir meine Liebe zurück Spruch

Für diesen Hexenspruch benötigst du die folgenden Zutaten:

Zwei weiße Kerzen

Ein Foto oder eine Zeichnung deines Ex-Prinzen oder deines/deiner Freundes/ Freundin

(auf dem Foto darf keine andere Person zu sehen sein. Schneide sie notfalls aus dem Bild heraus)

Ein Foto von dir, auf dem du lächelst

Ein Kamillenteebeutel

Ein Stück blauen Stoff

Dieser Hexenspruch kann dazu verwendet werden, einen Ex-Prinzen zurückzuholen oder einen Streit zwischen Freunden zu beenden.
Die beste Zeit für diesen Spruch ist punkt acht Uhr abends. Auf die Minute genau zündest du die Kerzen an und atmest zur Entspannung ein paarmal tief durch. Versuche dir eine friedliche Szene vorzustellen, etwa einen schönen Garten oder Wellen an einem weißen Sandstrand. Dann nimmst du das Bild deines/deiner Ex-Freundes/Freundin in die Hand und sprichst die folgenden Worte:

Mit dem Licht dieser Flamme
entzünde ich deine Lust.
Ich sage deinen Namen,
und die Glut meines Feuers
wird dich für immer umgarnen.
Der Spruch ist vollendet –
so soll es sein!

Hexensprüche für Liebe & Sex ★ 35

Sprich seinen oder ihren Namen dreimal langsam aus und lege dein Foto mit der Oberseite nach unten auf sein oder ihr Foto, so daß die beiden Bilder aufeinander liegen. Wickle die beiden Bilder zusammen mit dem Kamillenteebeutel in den blauen Stoff und lege das Päckchen an einen sicheren Platz. Um sicherzugehen, daß dein Ex-Prinz oder dein(e) Freund(in) die Nachricht auch erhält, zünde jeden abend um Punkt acht Uhr die Kerzen an und wiederhole dreimal seinen oder ihren Namen.

Böse Hexensprüche für böse Mädchen

(oder wie du deinen Ex-Prinzen in eine Kröte verwandelst)

Kapitel 2

Nicht durchdrehen, sondern immer schön cool bleiben

Selbst gute kleine Hexen finden, daß eine nette Racheaktion ab und zu ganz nützlich sein kann. Es sollte nichts allzu Drastisches sein, klar – aber gerade die richtige Portion Genugtuung, um ihn niemals mehr in seinem ganzen Leben vergessen zu lassen, daß er deine Gefühle verletzt hat. Die folgenden Hexensprüche gehören immer noch zur Kategorie »gute« oder »weiße« Hexensprüche, weil du ihm, trotz allem, dabei hilfst, geistig zu wachsen. Und außerdem: EIN ECHTER PRINZ KANN NIEMALS IN EINE KRÖTE VERWANDELT WERDEN (na ja, jedenfalls nicht für lange).

Der Krötenspruch

Für diesen Hexenspruch benötigst du die folgenden Zutaten:

Ein Kleidungsstück (am besten eines seiner alten T-Shirts)

Eine Handvoll dreckigen Sand

Ein Foto deines Ex-Prinzen (oder eine Zeichnung)

Eine Nähnadel

Schwarzes Nähgarn

Grüne Farbe oder einen grünen Filzstift

Hat er dich wirklich mies behandelt und ist mit einer anderen durchgebrannt, dann denk immer daran, daß er dir auf lange Sicht gesehen wahrscheinlich sogar einen Gefallen getan hat. Nichtsdestotrotz: Dieser Hexenspruch wird anderen Leuten helfen, ihn genauso erbärmlich zu finden wie du. Er ist einer unserer Lieblingssprüche und wird sich als besonders wirkungsvoll erweisen, wenn er um Mitternacht bei Vollmond durchgeführt wird. Sammle alle Zutaten und suche dir ein ruhiges Plätzchen, wo du völlig ungestört bist. Lege das Kleidungsstück auf einen flachen Untergrund. Dann kommt der dreckige Sand,

Böse Hexensprüche für böse Mädchen ★ 39

auf den du das Foto deines Ex legst. Nimm die vier Enden des Kleidungsstücks und nähe sie zusammen, so daß ein Sack entsteht. Und nun nimmst du den grünen Stift zur Hand und malst außen auf den Sack die häßlichste Kröte, die du zustande bringen kannst. Laß das Ganze über Nacht im Mondschein liegen. Am Morgen schmeißt du dann alles in den Mülleimer.

Der Er soll ohne dich keinen Spaß haben Spruch

Für diesen Hexenspruch benötigst du die folgenden Zutaten:

Ein Kleidungsstück, das ihm gehörte – außer natürlich, es sieht noch gut aus (also nichts, was du noch tragen könntest); wenn du nichts Passendes finden kannst, dann schreibe einfach seinen Namen auf ein großes weißes Blatt Papier

Eine Schinkenkeule

Eine Plastiktüte

Ein Stück Schnur

Eine große Plastikschüssel (groß genug, damit die Schinkenkeule hineinpaßt)

Drei Tassen Salzwasser

Hey, du willst ihm bestimmt nicht die Party versauen – aber soll er denn wirklich so viel Spaß haben ohne dich? Diesen Hexenspruch solltest du erst dann anwenden, wenn du wirklich bereit bist, sämtliche Gefühle für ihn über Bord zu schmeißen.
Die beste Zeit für diesen Spruch ist ein Samstag abend um zehn Uhr.

Nimm das Kleidungsstück deiner Wahl (oder das Stück Papier) und wickle es um die Schinkenkeule. Dann steckst du die eingewickelte Schinkenkeule in die Plastiktüte und bindest sie mit einem Stück Schnur zu. Das Päckchen legst du nun in die Plastikschüssel, gießt das Salzwasser drauf und deckst die Schüssel mit einem

Böse Hexensprüche für böse Mädchen ★ 41

Deckel ab. Laß das Ganze sieben Tage lang an einem Platz stehen, wo es auf keinen Fall gefunden wird. Am darauffolgenden Samstag um zehn Uhr morgens nimmst du die Plastiktüte aus der Schüssel, entfernst die Tüte, wickelst den Rest in Zeitungspapier und vergräbst ihn irgendwo weit weg von deinem Haus.

Der Cool Down Spruch

Für diesen Hexenspruch benötigst du die folgenden Zutaten:

Ein Blatt Papier

Eine Plastikschüssel

Etwas Wasser

Ein Stück Fisch

Ein Tiefkühlfach

Der folgende Hexenspruch eignet sich extrem gut, um eine nervtötende Ex-Freundin endlich kaltzustellen. Du weißt schon, die, von der er immer so schwärmt, während er dieses spezielle Leuchten in den Augen hat? Wenn du also schon sehnsüchtig die Schaufensterauslagen der Juweliere betrachtest und *sie* definitiv *nicht* auf deiner Hochzeitsgästeliste steht, dann müßte dieser Spruch eigentlich genau der richtige sein.
Doch damit der

Zauber auch wirkt, mußt du ihren vollen Namen herausfinden.
Die beste Zeit für diesen Spruch ist eine Vollmondnacht, vorzugsweise um Mitternacht.
Schreibe ihren vollen Namen auf ein Blatt Papier. Knülle das Papier zu einer Kugel zusammen und lege diese dann zusammen mit dem Wasser und dem Fisch in die Plastikschüssel. Stelle das Ganze ins Tiefkühlfach deines Kühlschranks, und zwar möglichst so, daß es nicht gefunden wird (vor allem nicht von deinem Prinzen). Laß es dort so lange wie eben nötig.

Der Ein Glück sind wir den los Spruch

Für diesen Hexenspruch benötigst du die folgenden Zutaten:

Eine Wäscheklammer aus Holz (um die Puppe herzustellen)

Etwas schwarze Tinte oder einen schwarzen Filzstift

Ein kleines Stück Kleidung oder ein Foto von dieser Person

Einen schwarzen Faden

Eine Stecknadel

Etwas schwarzen Pfeffer

Dieser Zauberspruch kann verwendet werden, wenn du jemanden loswerden willst, der dich nervt – vor allem natürlich nervende Ex-Prinzen. Der beste Tag für diesen Spruch ist ein Samstag.
Sammle die Sachen zusammen, die du brauchst, und ziehe dich zu Hause in ein sicheres, möglichst abgelegenes Zimmer zurück. Lege die Sachen um dich herum und sprich die folgenden Worte:

*Diesen Spruch wende ich an im Rahmen meines Rechts auf Freiheit – betrete mein Haus nie mehr.
Geh weg (sage den Namen der Person), verschwinde, entferne dich von mir!*

Um die Puppe herzustellen, bemale die Wäscheklammer mit der schwarzen Tinte und wickle das

Böse Hexensprüche für böse Mädchen ★ 45

Bild oder das Kleidungsstück drumherum und binde es mit dem Stück Faden fest.
Bestreue die Puppe mit Pfeffer. Nimm dann die Stecknadel und stecke sie in die Wäscheklammer-Puppe, während du die Worte noch einmal wiederholst.
Begrabe die Puppe in der Nähe deiner Haustür.

Der Fluch ist gebannt Spruch

Für diesen Hexenspruch benötigst du die folgenden Zutaten:

Einen Zweig Rosmarin

Ein gelbes Blatt Papier

Einen roten Stift

Eine Schere

Ein rotes Tuch

Eine rote Paprika oder etwas roten Pfeffer

Einen roten Faden

Wann immer du das Gefühl hast, daß jemand negative Energie auf dich übertragen oder dich verhext hat, dieser Hexenspruch wird den Fluch bannen.
Die beste Zeit für diesen Spruch ist ein Samstag um Mitternacht.
Während du den Spruch durchführst, trage die ganze Zeit über ein bißchen Rosmarin bei dir.
Schreibe den Namen der Person auf das gelbe Blatt Papier. Wenn du dir nicht ganz sicher bist, wer diese Person ist oder wie sie heißt, dann schreibe einfach die Worte »mein Feind«.
Zeichne mit dem roten Stift die Umrisse einer menschlichen Figur rund um den Namen und schneide sie mit der Schere den Umrissen entlang aus. Lege die Papierpuppe mit dem Gesicht nach unten auf das rote Tuch und bestreue sie mit Paprikapulver. Dann bindest du den roten Faden um die Mitte der Papierpuppe und wickelst sie in das rote Tuch ein.

Böse Hexensprüche für böse Mädchen ★ 47

Halte die eingewickelte Puppe ganz fest in deiner Hand, während du die folgenden Worte sprichst:

*Feind, deine Macht
ist verschwunden,
der Fluch ist gebannt,
der Zauber überwunden.
Dein Blick kann
mich nicht mehr
erreichen,
Feind, du wirst für
immer von mir weichen.
So soll es sein, von
nun an bis in alle
Ewigkeit.*

Wiederhole diesen Hexenspruch in sieben aufeinanderfolgenden Nächten jeweils um Mitternacht. Am darauffolgenden Sonntag wickle die Papierpuppe aus, zerreiße sie in neun Stücke und verbrenne sie. Verstreue die Asche weit weg von zu Hause und wirf das übriggebliebene rote Tuch in den Müll.

Der Laute Nachbarn Spruch

Für diesen Hexenspruch benötigst du die folgenden Zutaten:

Eine gelbe Kerze

Einen Teelöffel Salz

Eine halbe Tasse Olivenöl

Eine Hühnerfeder

Wenn du möchtest, daß dein Nachbar endlich auszieht, probiere es mit diesem Hexenspruch bei Sonnenuntergang an einem Abend vor Neumond.
Sammle die Sachen zusammen, die du brauchst, und suche dir zu Hause einen Platz, wo du allein sein kannst. Zünde die Kerze an und streue das Salz in die Tasse mit dem Olivenöl. Nimm die Feder zur Hand und sprich die folgenden Worte:

*Cauda Draconis, hilf mir in meiner Not.
Ich will, daß
(sage den Namen der Person)
von hier wegzieht.*

Böse Hexensprüche für böse Mädchen ★ 49

Tauche die Feder in das Olivenöl und wische, sobald es dir möglich ist, mit der Feder über den Boden vor deiner eigenen Haustür und in der Nähe der Haustür deines Nachbarn (sorge dafür, daß dich niemand sieht).

MERKE

NI[CHT]
DURCH[DREHEN]
SON[DERN]
IMMER
COOL [BLEIBEN]

HT

REHEN,

ERN

SCHÖN

LEIBEN

Der  Eifersucht & Klatsch Spruch

Für diesen Hexenspruch benötigst du die folgenden Zutaten:

Eine gelbe Kerze

Eine Schere

Eine Puppe oder ein kleines Spielzeug aus Stoff

Ein paar Ulmenblätter, zu Pulver zerstoßen (auch in einigen Reformhäusern oder Naturkostläden erhältlich)

Ein schwarzes Tuch

Wenn jemand Gerüchte über dich verbreitet oder schlecht über dich geredet hat, dann wird das Folgende sicher Abhilfe schaffen.
Dieser Hexenspruch wirkt am besten an einem Samstag, um acht Uhr morgens oder abends.
Lege alle Gegenstände vor dich auf einen flachen Untergrund, nimm die gelbe Kerze und zünde sie an. Denke an die Person, die die Gerüchte über dich in Umlauf gebracht hat, und sage dreimal laut ihren Namen. Dann nimmst du die Schere und stichst in den Mund der Puppe.

Böse Hexensprüche für böse Mädchen ★ 53

Streue die zerstoßenen Ulmenblätter in die Öffnung und puste die Kerze aus.
Gieße auch ein bißchen von dem heißen Wachs in die Öffnung.
Wickle die Puppe in das schwarze Tuch und sprich die folgenden Worte:

Wenn du weißt, wo dein Feind wohnt, begrabe die Puppe in der Nähe seines oder ihres Hauses. Wenn nicht, wirf sie in einen Mülleimer, der möglichst weit weg von deinem Haus steht.

Wer es wagt, Lügen über mich zu verbreiten,
dem soll mein Zorn Schmerzen bereiten.
Keiner wird dir zuhören –
und ich bin frei.
So es sei.

Der Schwiegermutter Spruch

Dieser Hexenspruch ist äußerst hilfreich, um dich so ziemlich gegen jeden zu schützen, der mit dir nicht klarkommen will – besonders wirkunsvoll ist er allerdings bei bösen Schwiegermüttern. Die beste Zeit für diesen Spruch ist ein Neumondabend. Nimm einen Mörser und einen Stößel oder eine Holzschale und einen Löffel, mische die Samenkörner der Passionsfrucht, den Rosmarin, Thymian und Safran und zerstoße sie zu einem feinen Pulver. Ritze die Initialen der betreffenden Person mit einem sauberen Nagel in die Kerze und sprich die folgenden Worte:

Im Namen Raphaels und Gabriels erbitte ich die Göttliche Unterstützung für mein edles Unterfangen.
Segne diese Kerze – mögen meine Worte auf freundliche Ohren stoßen.

Laß die Kerze eine Stunde lang brennen, dann vergrabe die Gewürzmi-

Böse Hexensprüche für böse Mädchen ★ 55

Für diesen Hexenspruch benötigst du die folgenden Zutaten:

★

Einen Mörser und einen Stößel oder eine Holzschale und einen Löffel

Einen Teelöffel sonnengetrockneter Samen einer Passionsfrucht

Einen Teelöffel Rosmarinblätter

Einen Teelöffel Thymianblätter

Einen Teelöffel Safranfäden

Ein getopftes blaues oder rotes Veilchen

Einen sauberen Nagel

schung in der Topferde des Veilchens.
Sobald du dich bereit fühlst, den ersten Schritt zu tun, überreiche dem Streithammel das Veilchen als Geschenk.

Der Trennungs-spruch

Für diesen Hexenspruch benötigst du die folgenden Zutaten:

Eine dunkelblaue Kerze

Einen blauen Stift

Ein Stück Papier, auf das er etwas geschrieben oder das er in seinen Händen gehalten hat

Eine deiner sexy Unterhosen

Einen Aschenbecher

Einen Teelöffel Pfefferminztee-blätter

Ein wenig Wettbewerb kann bekanntlich nicht schaden, besonders, wenn es um die Liebe geht. Sollte dein heiß ersehnter Prinz zwar ebenfalls ein Auge auf dich geworfen haben, seine derzeitige Prinzessin eurem verdienten Glück jedoch weiterhin im Wege stehen, dann versuche es doch mal mit folgendem Hexenspruch.
Am besten wirkt der Zauber Schlag Mitternacht an einem Samstag.
Sammle die Zutaten zusammen und suche dir einen ruhigen Platz, an dem du völlig ungestört bist. Verteile die Zutaten um dich herum. Zünde die Kerze an und atme zur Entspannung ein paarmal tief durch. Schreibe seinen Namen auf das eine Ende des Papiers, den Namen seiner Freundin auf das andere Ende. Trenne das Ende des Papiers, auf den du seinen Namen geschrieben hast, vorsichtig ab, wickle es in eine deiner Unterhosen und lege es unter dein Bett. Reiße nun ebenfalls

Böse Hexensprüche für böse Mädchen ★ 57

*Es gebe nur Liebe,
die es verdient!
Bei mir soll er bleiben,
sie soll ihn meiden,
und er soll leiden!
★ Für einen, der mir Frauen
betrogen hat! (18.06.95)*

das Ende des Papiers ab, auf den du den Namen seiner Freundin geschrieben hast, lege es in einen Aschenbecher und streue ein wenig von der Pfefferminze drauf. Dann verbrenne das Stück Papier im Aschenbecher und sprich währenddessen die folgenden Worte:

*Es gebe nur Liebe,
die es verdient.
Bei mir soll er
bleiben –* er meiden!
und sie (soll leiden.)

Sobald das Papier völlig zu Asche verbrannt ist, warte noch ein wenig, bis es abgekühlt ist und wirf es dann so weit du kannst aus dem Fenster.

Hexensprüche für Geld & Erfolg

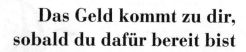

Das Geld kommt zu dir,
sobald du dafür bereit bist

Kapitel 3

Jetzt, wo du es verdienst, reich zu werden, dürfen wir dich noch einmal daran erinnern, daß wirklicher Reichtum nur durch innere Zufriedenheit und Ausgeglichenheit zu erlangen ist. Das heißt aber nicht, daß du dem Geld aus dem Weg gehen sollst und wie eine Nonne in Armut leben mußt. ECHTE HEXEN GEHEN NIEMALS IN SACK UND ASCHE DURCH DIE WELT, und auf Nagelbrettern zu schlafen gehörte noch nie zum Repertoire einer Liebesgöttin. Der Schlüssel zum Erfolg liegt vielmehr darin, sich davon freizumachen, an materiellen Dingen zu hängen – sie gehören uns sowieso nicht, wir borgen sie uns lediglich für die Zeit, in der wir sie brauchen.

Der Spruch für reiche Hexen

Für diesen Hexenspruch benötigst du die folgenden Zutaten:

Einen Teelöffel Zimt

Einen Teelöffel Muskatnuß

Eine Schüssel und einen Löffel

Drei Münzen von geringem Wert

Ein altes Portemonnaie oder eine Brieftasche (das oder die du nicht mehr benutzt)

Dieser Hexenspruch soll dir helfen, dein Bankkonto aufzufüllen.
Die beste Zeit für diesen Spruch ist ein Neumondabend. Sammle die Zutaten zusammen, und suche dir einen ruhigen Ort. Lege alle Zutaten vor dich auf einen flachen Untergrund und mache es dir bequem. Gib Zimt und Muskatnuß in die Schüssel und mische beides mit einem Löffel untereinander. Diese Mixtur ist dein Magisches Pulver. Während du das Magische Pulver anrührst, überlege dir eine bestimmte Geldsumme, die du gern auf deinem Konto hättest. Sei nicht zu bescheiden, aber übertreibe es auch nicht, denn wenn du zu gierig bist, zerstörst du die Energie des Zauberspruchs.
Konzentriere dich nun auf diese Sum-

Hexensprüche für Geld & Erfolg ★ 61

me, während du die Münzen wirfst, und zwar so lange, bis du zweimal Kopf und einmal Zahl erhalten hast.
Tu die Münzen und das Magische Pulver in dein Portemonnaie und schüttele es, während du die folgenden Worte sprichst:

Magisches Pulver, tu, was du kannst und bringe mir Glück, so viel ich brauche.

Lege das Portemonnaie dorthin, wo du deine Bankunterlagen aufbewahrst.

Der Geldmagnet Spruch

Für diesen Hexenspruch benötigst du die folgenden Zutaten:

Zwei weiße Kerzen

Einen Magneten

Eine Tasse destilliertes oder Mineralwasser

Dieser Hexenspruch unterstützt deinen Erfolg in allen beruflichen Angelegenheiten, und er wirkt am besten an einem Neumondabend. Lege alle Zutaten auf einen flachen Untergrund und zünde die Kerzen an. Befreie dich von allen negativen und stressigen Gedanken und versuche dich darauf zu konzentrieren, was du innerhalb des nächsten Jahres gern erreichen möchtest. Denke darüber nach, wo du dich selbst gern sehen würdest – in einem nagelneuen Haus vielleicht oder in diesem roten Sportflitzer, den du schon seit längerem im Auge hast, oder auch in einem eleganten Büro als Chefin einer großen Firma. Was immer du dir auch vorstellst, behalte dieses Bild von dir circa eine oder zwei Minuten im Kopf. Dann legst du den Magneten in die Tasse mit dem Wasser und sprichst die folgenden Worte:

*Artemis, Luna,
ihr habt mir den
Weg nach oben gewiesen,
nun bringt mir
Erfolg –
und seid von Herzen gepriesen.*

Hexensprüche für Geld & Erfolg ★ 63

Blase die Kerzen aus. Nimm die Tasse mit dem Wasser und dem Magneten und stelle dich vor deine Haustür. Verspritze ein bißchen von dem magnetisierten Wasser auf deine Türklinke und hebe den Rest für deine nächste Wäsche auf. Lege den Magneten in dein Portemonnaie oder deine Brieftasche und trage ihn immer bei dir.

Der Lottoglück Spruch

Für diesen Hexenspruch benötigst du die folgenden Zutaten:

Ein kleines Stück Wachs oder Knete

Etwas goldene Farbe (oder goldenen Lidschatten oder Lippenstift)

Einen feinen Pinsel

Eine grüne Kordel oder einen grünen Baumwollfaden

Einen Stift und Papier

Wenn du beim nächsten Lottoeinsatz endlich etwas mehr Glück haben willst als bisher, dann versuch's doch mal mit diesem Hexenspruch.
Die beste Wirkung erzielst du an einem Samstagabend um kurz vor acht Uhr. Lege alle Zutaten auf einen Tisch. Sobald du dich von allen negativen Gedanken befreit hast, nimmst du das Wachs oder die Knete in eine Hand und formst daraus einen kleinen Ball. Presse deinen rechten Daumen auf den Ball, so daß er flach wird, und lasse dann mit dem Pinsel vorsichtig einen kleinen Klecks von der goldenen Farbe auf den Daumenabdruck tropfen.
Um dein persönliches Jupiter-Siegel herzustellen, umwickle den Ball mit der grünen Kordel und sprich die folgenden Worte:

Siegel des Jupiter – du gehörst jetzt mir. Ich zähle bis drei, dann will ich Zahlen von dir.

Hexensprüche für Geld & Erfolg ★ 65

Klatsche dreimal in die Hände und schreibe dann alle Zahlen auf, die dir gerade in den Sinn kommen.
Bewahre dein Jupiter-Siegel und deine Glückszahlen zusammen mit deinen Geldunterlagen auf und benutze sie immer dann, wenn du Glückszahlen brauchst.

Der Siegerspruch

Für diesen Hexenspruch benötigst du die folgenden Zutaten:

Ein Stück Pappe oder festes Papier (groß genug, damit du dich draufsetzen kannst)

Einen blauen Stift

Wenn du ein bißchen Unterstützung gebrauchen kannst, um aus wichtigen Verhandlungen auch ganz sicher als Sieger hervorzugehen oder um Erfolg bei deinem neuen Projekt zu haben, dann kannst du dir einen Sieger-Kreis basteln und ihn benutzen, wann immer du willst. Dieser Hexenspruch wirkt am besten an einem Montagabend um sieben Uhr. Nimm als erstes ein Bad oder eine Dusche. Nachdem du dich gut abgetrocknet hast, gehe nackt in ein Zimmer deiner Wohnung, in dem du ganz sicher ungestört bleibst. Lege die Pappe auf den Boden und zeichne mit dem blauen Stift im Uhrzeigersinn einen großen Kreis darauf. Dann stelle dich mit dem Kreis in der Hand aufrecht hin, strecke die Arme nach oben und atme ein paarmal tief durch.
Wenn du damit fertig bist, setze dich in die Mitte des Kreises und sprich die folgenden Worte:

Im Namen der Zahl und der Macht Fortunas,
alle, die in diesem Kreis sitzen,
sollen erfolgreich sein.

Hexensprüche für Geld & Erfolg ★ 67

Schreibe nun die Zahlen 7, 11 und 9 auf die Pappe und vollende den Zauberspruch mit den folgenden Worten:

*Der Kreis ist vollbracht,
der Zauber für immer gemacht –
so soll es sein.*

Bewahre den Sieger-Kreis an einem sicheren Ort auf und setze dich immer dann in seine Mitte, wenn du eine wichtige geschäftliche Entscheidung zu treffen hast.

Der Ich kriege diesen Job Spruch

Für diesen Hexenspruch benötigst du die folgenden Zutaten:

Ein blaues Kleidungsstück

Eine silberne Kerze

Ein wenig Lavendel

Einen Teelöffel Safran

Einen Teelöffel Steinsalz

Eine halbe Tasse Sand

Eine kleine Schachtel

Ob du gerade einen neuen Job suchst oder endlich befördert werden willst, dieser Hexenspruch wird dir helfen, dein Ziel zu erreichen. Die beste Wirkung erzielst du an einem Montagabend um sieben Uhr. Beginne mit einer Dusche oder einem Bad und ziehe dir etwas Blaues an. Lege alle Zutaten vor dich auf einen flachen Untergrund. Setze dich gemütlich hin und entspanne für ein paar Minuten Körper und Geist. Zünde die Kerze an und sprich die folgenden Worte:

Ich öffne mein Herz und bin bereit, die Liebe des Universums zu empfangen.
Zeige mir den Weg zu Weisheit und Erfolg.

Vermische sorgfältig Lavendel, Safran, Salz und Sand miteinander und wirf ein wenig von dem Pulver aus dem Fenster und verteile auch etwas vor dei-

Hexensprüche für Geld & Erfolg ★ 69

ner Haustür oder an deinem Arbeitsplatz. Hebe den Rest in der Schachtel auf, und wenn du das nächste Mal in deiner Zeitung nach einem Job suchst, streue ein bißchen davon auf die Seiten mit den Stellenanzeigen.
Mußt du zu einem wichtigen Vorstellungsgespräch gehen, ziehe dir etwas Blaues an und trage ein wenig von dem Magischen Pulver bei dir.

MERKE

DAS *GELD* KOMMT ZU MIR, SOBALD ICH DAFÜR *BEREIT* BIN

Der Ich bin geboren, um einzukaufen Spruch

Für diesen Hexenspruch benötigst du die folgenden Zutaten:

Zwei grüne Kerzen (grün ist Die Farbe des Geldes)

Zwei Blatt weißes Papier

Einen grünen Kugelschreiber oder Bleistift

Eine Geldmünze von hohem Wert, die vorher in Salzwasser gereinigt wurde

Für die Frau, die einfach alles will, wird sich dieser Hexenspruch als besonders wirkungsvoll erweisen, wenn sie es schafft, sich jeweils auf einen bestimmten Gegenstand oder eine bestimmte Summe Geld zu konzentrieren. Es gibt sicher irgend etwas, das du gern hättest, von dem du aber glaubst, es dir gerade nicht leisten zu können. Höchste Zeit für dich aufzuhören, so negativ zu denken – nach diesem Zauberspruch wirst du überrascht sein, was alles passieren kann, wenn man nur weiß, was man will.

Die beste Wirkung erzielst du an einem Montagabend um neun Uhr.

Sammle die Zutaten zusammen und suche dir ein ruhiges Zimmer oder einen Ort, wo du für ein paar Minuten in dich gehen und deinen Kopf »durchlüften« kannst. Zünde die Kerzen an und konzentriere dich auf das, was du willst. Stelle es dir bildlich vor, während du die folgenden Worte sprichst:

Mit klarem Kopf und offenem Herzen gehe ich auf mein Ziel zu.

Stelle dir vor, wie du dich auf ein golden schimmerndes Licht zubewegst, in dem du das Objekt deiner Begierde aufleuchten siehst. Schreibe auf beide Blätter Papier, wieviel Geld du brauchst oder die Bezeichnung des Gegenstandes, den du haben willst. Wickle eines der beiden Blätter um die Münze und bewahre es in der Nähe deiner Kontoauszüge auf. Das andere Blatt Papier legst du neben dein Bett, so daß es eines der letzten Dinge ist, die du siehst, bevor du nachts das Licht ausknipst.

Der Spreng das Kasino Spruch

Für diesen Hexenspruch benötigst du die folgenden Zutaten:

Kamillentee

Einen besonders schönen Kristall (New-Age- und Esoterikläden haben spezielle Kristalle, die Geld und Glück bringen)

Zwei neue Würfel

Ein grünes Samttuch

Einen goldenen Faden oder eine Kordel

Solltest du mal wieder einen kleinen Ausflug ins nächste Spielkasino planen, dann probiere vorher diesen Hexenspruch aus. Hexen haben viel Spaß beim Glücksspiel, doch das Geheimnis ihres Erfolges heißt stets: Tue es nur ab und zu und verspiele niemals Geld, das du unbedingt brauchst. Du solltest nur Ersparnisse einsetzen, auf die du notfalls auch verzichten kannst. Das ist die grundlegende Regel beim magischen Spiel ums große Geld.

Die beste Zeit für diesen Hexenspruch ist um sieben Uhr abends.
Bereite den Kamillentee zu, lasse ihn abkühlen und stelle ihn dann für eine halbe Stunde in den Kühlschrank. Nimm den Kristall zur Hand, verscheuche alle stressigen Gedanken aus deinem Kopf und sprich die folgenden Worte:

Gib mir Silber,
gib mir Gold,
gib mir Geld,
was kost' die Welt.

Lege alle Zutaten auf eine flache Un-

terlage und wirf die
beiden Würfel so
lange, bis du zwei
Sechser hast. Nimm
den Kamillentee aus
dem Kühlschrank,
lege den Kristall und
die Würfel hinein
und tauche dann
ebenfalls deine Finger ein. Danach
nimmst du den Kristall und die Würfel
wieder heraus,
trocknest sie ab und
legst sie auf das
samtene Tuch.
Anschließend bindest du die vier Enden des Tuchs mit
dem goldenen Faden zusammen.
Nimm deinen
Glücksbeutel heute
abend mit – und
nun viel Glück!

Der Vier Blätter hat mein Kleeblatt Spruch

Dieser Hexenspruch ist für ein Leben voll Glück und positiver Energie.

Er wirkt am besten an einem Neumondabend.

(Um das vierblättrige Kleeblatt herzustellen, zeichne die Umrisse eines Kleeblatts auf ein Blatt Papier und male es mit grüner Tusche oder einem grünen Filzstift aus. Wenn die Farbe trocken ist, schneide das Kleeblatt mit einer Schere aus.)

Lege das Kleeblatt auf diese Buchseite, damit es sich mit Athenas und Deborahs magischer Energie aufladen kann. Lege deine rechte Hand ebenfalls auf diese Seite und spüre, wie die Energie des Zaubers deine Hand erwärmt. Wenn du soweit bist, schließe das Buch und lasse es 24 Stunden lang an

Hexensprüche für Geld & Erfolg ★ 77

einem sicheren Platz liegen.
Schlage das Buch am nächsten Tag wieder auf, nimm das mit Energie geladene Kleeblatt heraus und trage es bei dir, wann immer du das Bedürfnis nach positiver Energie oder Glück in deinem Leben verspürst.

Für diesen Hexenspruch benötigst du die folgenden Zutaten:

Ein vierblättriges Kleeblatt (Wenn du keines findest, dann kannst du es dir selbst herstellen)

Dieses Buch

Für diesen Hexenspruch benötigst du die folgenden Zutaten:

Ein Räucherstäbchen mit Sandelholzduft

Einen Teelöffel Minze

Einen Teelöffel Kieselerdepulver (erhältlich in Reformhäusern oder Naturkostläden)

Einen Teelöffel Muskatnuß

Eine Schüssel

Ein kleines Holzstöckchen oder einen Bleistift

Der Eigenheim Spruch

Wenn du vorhast, eine Immobilie zu kaufen oder zu verkaufen, dann wird sich der folgende Spruch als äußerst hilfreich erweisen. Die beste Wirkung erzielst du an einem Donnerstagabend. Sammle alle Zutaten zusammen und suche dir einen ruhigen Platz in deiner Wohnung oder deinem Haus. Zünde die Räucherstäbchen an und laß sie so lange brennen, bis nur noch die Asche übrig ist. Warte, bis die Asche

Hexensprüche für Geld & Erfolg ★ 79

völlig ausgekühlt ist, gib sie dann in die Schüssel und mische die anderen Zutaten mit dem Holzstöckchen darunter. Willst du dein Haus oder deine Wohnung verkaufen, dann verteile ein wenig von dem Pulver in jeder Ecke deines (Noch-)Eigentums, willst du dir etwas kaufen, dann streue ein wenig davon in deinen rechten Schuh, bevor du zum nächsten Besichtigungstermin gehst.

Der Glückspilz Spruch

Für diesen Hexenspruch benötigst du die folgenden Zutaten:

Einen halben Teelöffel Salz

Eine kleine Schachtel (eine leere Streichholzschachtel reicht völlig aus)

Einen oder zwei Pilze

Eine Messerspitze Basilikum

Wir umgeben uns gern mit so vielen Glückspilzen wie möglich, in der Hoffnung, etwas von ihrem Glück möge auf uns abfärben. Doch für den Fall, daß dir gerade nicht so viele Glückspilze zur Verfügung stehen, kannst du dir deinen eigenen Glückspilz-Anhänger herstellen, auf daß er dir eine Menge Erfolg in all deinen Geschäfts- und Geldangelegenheiten bringe.

Dieser Hexenspruch wirkt am besten an einem Neumondabend.

Sammle alle Zutaten zusammen, und suche dir einen ruhigen Platz, an dem du allein sein kannst. Lege alle Zutaten auf einen Tisch oder eine flache Unterlage und setze dich bequem hin. Schließe deine Augen und entspanne deinen Körper. Um dich zu konzentrieren, atme ein paarmal tief und gleichmäßig ein. Öffne deine Augen. Streue eine Prise Salz in deine rechte Hand

Hexensprüche für Geld & Erfolg ★ 81

und wirf sie über deine linke Schulter, während du die folgenden Worte sprichst:

Mit dem Salz der Erde möge der Zauber wirken.

Gib das übrige Salz zusammen mit den Pilzen und dem Basilikum in die Schachtel und sprich die folgenden Worte:

Im Namen des Pilzes, im Namen der Luna, der Zeit, dieser Spruch ist vollbracht – und er wirke von nun bis in alle Ewigkeit.

Trage den Glückspilz-Anhänger bei dir, wann immer du Geld brauchst oder einen wichtigen Geschäftstermin wahrnehmen mußt.

Kapitel 4

Ich, Ich, Ich: Hexensprüche fürs Ego

Du bist, was du denkst

Girls just want to have fun!
Solltest du bereits so berühmt sein, daß alle dich hassen, dann brauchst du vermutlich keine besonderen sozialen Fähigkeiten mehr. Doch für die meisten von uns ist es nicht nur äußerst wünschenswert, sondern sogar ein absolutes Muß, im Mittelpunkt der Aufmerksamkeit zu stehen, wo immer wir auftauchen.
DU BIST, WAS DU DENKST. Befreie dich von allen negativen und pessimistischen Gedanken. Wenn du Glück und Zufriedenheit ausstrahlst, dann wird deine Umgebung entsprechend auf dich reagieren. Die folgenden Hexensprüche werden dir dabei helfen, alle unnötigen Barrieren aus dem Weg zu räumen, die sich zwischen dich und den Spaß, den du in deinem Leben verdient hast, stellen könnten.

Der Party Girl Spruch

Für diesen Hexenspruch benötigst du die folgenden Zutaten:

Ein leeres Notizbuch (benutze es als dein Zaubertagebuch)

Einen blauen Stift

Dieser Hexenspruch verwandelt das ganze Leben in eine Riesenparty, und du bist herzlich eingeladen.

Die beste Wirkung erzielst du an einem Neumondabend. Sammle die Zutaten zusammen und suche dir einen ruhigen Platz, an dem du für mindestens eine halbe Stunde völlig ungestört bist. Lege das Notizbuch und den Stift auf einen Tisch und setze dich bequem hin. Schließe deine Augen und, nachdem du ein paarmal tief durchgeatmet hast, stelle dir vor, du seist von einem weißen Licht umgeben. Spüre, wie dieses Licht dich beruhigt und mit Glück erfüllt.

Denke nun an etwas, das du in deiner Freizeit gern unternehmen würdest; auf eine schöne Reise oder eine riesige Party gehen vielleicht oder neue und interessante Leute treffen.

Wenn du dir ausgesucht hast, was du am liebsten tun würdest, dann schreibe dieses Ereignis in dein Notizbuch und erkläre genau, wie du es dir vorstellst. Achte dabei auf dei-

ne Worte. Danach zeichnest du ein Quadrat um das, was du geschrieben hast (in etwa so, daß sich dabei die Umrisse eines Türrahmens ergeben). Nun stelle dir vor, du würdest diese Tür öffnen und über die Schwelle treten. Lasse den Urlaubsort oder das Ereignis deiner Träume vor deinem inneren Auge erstehen. »Sieh« und fühle, wie alles um dich herum abläuft, und sprich die folgenden Worte:

*Zu meiner Rechten und zu meiner Linken,
über mir und unter mir,
erwecke ich den Geist meiner Natur in meinem Inneren.*

Sobald du die Energie in dir spürst und bereit bist zurückzukehren, schließe das Notizbuch und versuche, dir dieses phantastische Gefühl zu bewahren.

Der Ich bin eine große Künstlerin Spruch

Für diesen Hexenspruch benötigst du die folgenden Zutaten:

Pfefferminztee

Einen Spiegel

Einen Schal aus natürlichem Material

Einen roten Lippen- oder Buntstift

Wie fändest du es, wenn Leonardo da Vinci dir ein paar Tips übers Malen geben, Mozart sich mit dir über die Freuden der Musik unterhalten oder Elvis und Marilyn dir beibringen würden, wie man seine Hüften richtig schwingt? Sobald du wirklich verstanden hast, daß Magie auf der Verbindung aller Energien miteinander aufbaut, solltest du den folgenden Hexenspruch immer dann anwenden, wenn du das Bedürfnis nach einem neuen Inspirationsschub verspürst.

Die beste Wirkung erzielst du um sieben Uhr morgens oder abends.

Bereite den Pfefferminztee zu und inhaliere den Duft eine Weile.

Lege alle Zauberzutaten auf einen flachen Untergrund vor den Spiegel und setze dich bequem hin, und zwar so, daß du dich im Spiegel sehen kannst.

Binde den Schal um deine Schultern und

Ich, Ich, Ich: Hexensprüche fürs Ego ★ 87

male mit dem Lippen- oder Buntstift einen großen Kreis auf den Spiegel, während du die folgenden Worte sprichst:

*Der Kreis ist vollendet,
nur das Gute darf hinein.*

Schreibe nun den Namen des Künstlers, mit dem du gern Kontakt aufnehmen würdest, in die Mitte des Kreises und schreibe deinen eigenen Namen darunter. Dann schaust du direkt in den Spiegel und sprichst die folgenden Worte:

*Ich werde die Geheimnisse der Seele kennenlernen.
Ich bin eins mit dem ewigen Universum.
Ich bin verbunden mit allem, was Größe und Genialität besitzt.*

MERKE

ICH *BIN*, WAS ICH *DENKE*

Für diesen Hexenspruch benötigst du die folgenden Zutaten:

Einen oder zwei Reiseprospekte, die Bilder deines ersehnten Reiseziels enthalten

Einen oder zwei Zeitungsausschnitte, auf denen Urlaubs- oder Pauschalreisen angeboten werden

Einen Spiegel (am besten wäre ein Wand- oder Schminkspiegel)

Etwas Tesafilm

Einen grünen Kugelschreiber oder Buntstift

Der Reisespruch

Wenn du die Welt umsegeln oder auch einfach nur auf eine tolle Urlaubsreise gehen möchtest, dann solltest du diesen Zauberspruch am ersten Montag eines Monats durchführen.
Sammle die Zutaten zusammen und suche dir ein ruhiges Zimmer, wo du für mindestens ein halbe Stunde völlig ungestört bist.
Lege die Prospekte und Zeitungsausschnitte auf einen flachen Untergrund und wähle dir dein Lieblingsreiseziel aus. Nimm genau diesen Ausschnitt in die Hand und sprich die folgenden Worte:

*Auf Merkurs Schwingen will ich schweben
und mit der Freiheit gemeinsam fliegen –
so soll es geschehen.*

Mit einem Stück Tesafilm befestigst du nun den Ausschnitt mit der Oberfläche nach unten auf dem Spiegel und schreibst auf die Rückseite die Zahl 7. Dann schließe deine Augen, und während du dich auf

dein Reiseziel konzentrierst, atmest du für circa ein oder zwei Minuten tief und gleichmäßig ein.
Erfülle dich mit sorglosen und glücklichen Gedanken und bestätige dir selbst, wie sehr du diesen Urlaub verdient hast.

Laß den oder die Ausschnitte für mindestens zwölf Tage am Spiegel hängen, und jedesmal, wenn du an ihnen vorbeigehst, denke daran, wie entspannt und wohl du dich in diesem Urlaub fühlen wirst.

Der Freundschaftsspruch

Für diesen Hexenspruch benötigst du die folgenden Zutaten:

Drei Woll- oder Baumwollfäden von jeweils etwa 30 cm Länge: einen roten, einen blauen und einen weißen

Drei Federn (egal welche)

Jeder von uns braucht Liebe und Anerkennung. Freunde sind wichtig, und die wirklich treuen und zuverlässigen bekanntlich rar. Dieser Hexenspruch ist bestens geeignet, um alte Freundschaften zu festigen und neue Freunde zu gewinnen.

Führe diesen Hexenspruch an einem Neumondabend durch und denke immer daran: Du selbst bist dein bester Freund, und »Freunde zu haben, bedeutet, anderen ein Freund zu sein«. Während du die drei Fäden miteinander verflichst, sprich die folgenden Worte:

Fäden aus rot, weiß, blau gemacht, webt euren magischen Zauber heut nacht.

Nun binde die drei Federkiele in gleichmäßigem Abstand voneinander an deinen bunten Zopf und sprich die folgenden Worte:

Ich, Ich, Ich: Hexensprüche fürs Ego ★ 93

*Fäden aus rot, weiß, blau gemacht,
webt euren magischen Zauber heut nacht.
Wenn ich Zopf und Federn berühre,
alles, was ich begehre, man zu mir führe.
Vollbringe den Zauber und mache ihn wahr,
rot, weiß, blau für immerdar.*

Binde den Zopf um dein Handgelenk, so daß er zu deinem Zauberarmband wird. Ob du gerade eine bestehende Freundschaft festigen oder einen neuen Freund gewinnen möchtest, berühre jeweils eine der Federn und sprich deinen Wunsch aus.

Hexensprüche für Heim & Familie

Die Liebe kennt viele Wege

Auch wenn du nicht gerade die Göttin aller Hausfrauen bist, darfst du zu Recht Stolz auf Heim und Herd sein. Denn selbst die moderne Frau braucht ein Zuhause und eine Familie. Ob deine nun aus einem schnuckeligen Ehemann und ein paar frechen Rotznasen besteht oder aus einem Jack-Russel-Terrier und deinem besten schwulen Freund, HEXEN BESCHÜTZEN IMMER ALLES, WAS ZU IHNEN GEHÖRT.

Kapitel 5

Der Magische Türschloß Spruch

Für diesen Hexenspruch benötigst du die folgenden Zutaten:

Einen langen Schal

Eine Babyrassel

Ein Holzstöckchen

Sieben kleine Steine

Dieser Hexenspruch wirkt am besten in einer Vollmondnacht.
Sobald es dunkel wird, warte, bis du allein zu Hause oder zumindest ungestört bist. Lege den Schal um deine Schultern und sprich die folgenden Worte:

Mit diesem magischen Umhang möge der Zauber beginnen.

Mit der Babyrassel in der einen und dem Holzstöckchen in der anderen Hand gehst du nun in jedes Zimmer deines Heims, wobei du die folgenden Worte jeweils laut aussprichst:

*Die Rassel ich schüttle,
den Zauberstab schwinge,
Unglück aus diesem Hause verschwinde.*

Wenn du damit fertig bist, lege die Rassel und das Stöckchen beiseite und nimm dir die sieben kleinen Steine. Schließe für ein oder zwei Minuten deine Augen. Konzentriere dich auf die dir entgegenströmende positive Energie und stelle dir vor, daß sich die Steine in deinen Händen erwärmen und mit Energie aufladen. Danach legst du die Magischen Steine in die Nähe deiner Eingangs-, Terrassen- oder Balkontür (vorzugsweise dorthin, wo sie niemand sehen kann).

Der Home Sweet Home Spruch

Für diesen Hexenspruch benötigst du die folgenden Zutaten:

Etwas Lavendel

Einen Teelöffel getrocknete oder sieben frische Veilchenblätter

Ein paar Grashalme

Ein paar Holzspäne

Sieben kleine Papiertüten

Sieben purpurrote Geschenkbänder oder Bindfäden

Einen purpurroten Kugelschreiber oder Buntstift

Dieser Spruch wirkt am besten um neun Uhr morgens oder abends.
Lege alle Gegenstände auf einen Tisch. Gib einen Teelöffel voll von jeder Zutat in jede der sieben Tüten. Binde die Tüten mit einem purpurroten Band zu und bemale sie jeweils mit einem fünfzackigen Stern. Halte eine der Tüten mit beiden Händen fest über deinem Kopf, während du die folgenden Worte sprichst:

*Lavendel und Veilchen,
Gras und Holz,
mein Heim macht mir sicher,
behütet sein soll's.*

Nun verstaue die Tüten an sieben verschiedenen Plätzen

Hexensprüche für Heim & Familie ★ 99

in deinen Schränken und Regalen und lasse sie dort für mindestens drei Monate ungestört. Diesen Hexenspruch kannst du so oft wiederholen, wie du willst.

MERKE

DIE *LIEBE* KENNT

VIELE *WEGE*

Der Wie spreche ich mit meiner Katze Spruch

Für diesen Hexenspruch benötigst du die folgenden Zutaten:

Ein paar Anissamen

Einen Mörser und einen Stößel oder eine Holzschüssel und einen Löffel

Einen Teelöffel Rosmarin

Ein paar Baldrianteeblätter

Ein Stück indische Baumwolle

Ein blaues Band

Katzen sind uns seit Jahrhunderten als besonders übersinnliche und mystische Wesen bekannt, und dein kleiner Stubentiger macht da keine Ausnahme.
Wenn du wissen möchtest, was deine Katze denkt oder wenn du sie ganz einfach in deinen Zauberzirkel miteinbeziehen möchtest, dann wende diesen Hexenspruch an.

Die beste Wirkung erzielst du um Mitternacht bei Vollmond.
Zermahle die Anissamen mit einem Stößel in einem Mörser oder mit einem Löffel in einer Holzschüssel und gib den Rosmarin und den Baldriantee hinzu. Während du die Zutaten vermischst, sprich die folgenden Worte:

Hexensprüche für Heim & Familie ★ 103

Fledermausflügel und Katzenauge, seid rein und klar, und bringt mir seinen (oder ihren) Geist ganz nah.

Gib die Kräutermischung in das Säckchen aus indischer Baumwolle und binde es mit dem Band zu. Trage das Säckchen immer bei dir, wenn du mit deinem Kuschelkätzchen zusammen bist.

Der Schutzölspruch

Für diesen Hexenspruch benötigst du die folgenden Zutaten:

Zwei weiße Kerzen

Drei Räucherstäbchen mit Sandelholzduft

Einen Teelöffel Rotwein

Drei Grashalme

Drei Eßlöffel voll Olivenöl

Dieser Schutz-Spruch ist einer der ältesten Zaubersprüche der Welt und wird seit Jahrhunderten angewandt, um die Familie vor Unheil zu schützen und Liebe ins Haus zu bringen. Die beste Zeit für diesen Hexenspruch ist ein Freitag.
Lege alle Zutaten auf einen Tisch und mache es dir auf einem Stuhl bequem. Zünde die Kerzen und Räucherstäbchen an und entspanne für ein paar Minuten Körper und Seele. Gieße den Wein mitsamt den drei Grashalmen in das Olivenöl und nimm die Tasse in beide Hände, während du die folgenden Worte sprichst:

Beschützet seist du,
durch die Kraft der Erde,
durch das Leben der Gräser –
so soll es sein.

Hexensprüche für Heim & Familie ★ 105

Gib ein paar Tropfen des Schutzöls auf einen sauberen Lappen und reibe damit sowohl die Schwelle deiner Eingangs- als auch deiner Terrassen- oder Balkontür ein.

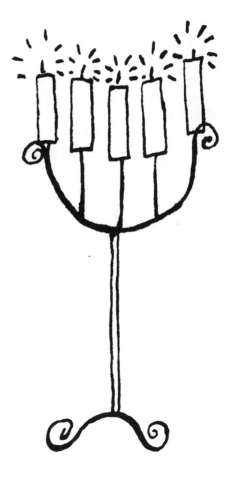

106 ★ Hexensprüche für Heim & Familie

Für diesen Hexenspruch benötigst du die folgenden Zutaten:

Einen Holzlöffel

Eine Porzellanschüssel

Etwas Minze

Eine Gewürznelke

Etwas geriebene Zitronenschale

Ein Lorbeerblatt

Etwas Hagebutte

Ein Baumwoll- oder Musselintaschentuch

Ein rotes Band

Der Spruch für eine gesunde Familie

Um sämtliche Mitglieder deines Haushalts vor Erkältung und Grippe zu schützen, wende diesen uralten Hexenspruch an.
Die beste Wirkung erzielst du an einem Sonntag.
Vermische alle Zutaten mit dem Holzlöffel in der Schüssel und sprich dabei die folgenden Worte:

Hexensprüche für Heim & Familie ★ 107

Um Schutz flehe ich dich an und beschwöre den uralten Zauber, meine Familie bleibe fit und gesund – so soll es sein ab dieser Stund.

Gib die Mixtur auf das Taschentuch und binde dessen Enden mit dem roten Band zusammen. Hänge das Heilsäckchen irgendwo zu Hause auf.

Hexensprüche für den Rest deines Lebens

Du selbst bist die Meisterin deines Schicksals

DIE MAGIE IST EINE WISSEN-SCHAFT. Sie ist eine Kombination aus technischem Know-how und Gefühl, die du nutzen kannst, um deine innere Mitte zu finden, deine wahren Bedürfnisse zu erkennen und sämtliche Bereiche deines Lebens zu verbessern.

Die materielle Welt ist nur ein kleiner Teil unseres Universums – stelle dir deine Gedanken als eine elektrische Energie vor und du wirst lernen, deine Willenskraft so zu steuern, daß du alles erreichst, was du willst.

Der Du selbst bist die Meisterin deines Schicksals Spruch

Für diesen Hexenspruch benötigst du die folgenden Zutaten:

Einen Morgen- oder Bademantel (möglichst einen, den du ausschließlich als Zeremonienmantel für die Hexensprüche verwendest)

Einen Spiegel

Zwei weiße Kerzen

Einen in zwei Hälften geteilten grünen Apfel

Eine in zwei Hälften geteilte Gurke

Ein Blatt Papier

Einen Stift

Dieser Hexenspruch wirkt am besten an einem Sonntag. Nimm als erstes ein Bad oder eine Dusche und ziehe danach deinen Zeremonienmantel an. Sammle alle Zauberzutaten zusammen und lege sie auf einen flachen Untergrund in die Nähe des Spiegels, so daß du dich, wenn du dich neben sie setzt, im Spiegel sehen kannst.

Zünde zunächst die Kerzen an. Danach nimmst du den Apfel und die Gurke in beide Hände und atmest ein paarmal tief ein. Konzentriere dich auf das, was du in nächster Zukunft erreichen willst. Stecke deine Ziele ruhig hoch und schreibe sie dann auf das Blatt Papier.

Sobald du damit fertig bist, schaue in den Spiegel und sprich die folgenden Worte:

Hexensprüche für den Rest deines Lebens ★ 111

Ich werde aus dem Dunkel ins Licht aufsteigen, ich bin mein eigenes Universum – ich erreiche alles und bin selbst die Meisterin meines Schicksals.

Lies dir das, was du aufgeschrieben hast, laut vor und füge die folgenden Worte hinzu: »Das will ich tun – das ist meine Zukunft.«

Der Spruch für die Entwicklung deiner übersinnlichen Kräfte

Für diesen Hexenspruch benötigst du die folgende Zutat:

Deine Phantasie

Dieser Spruch wird dir helfen, deine übersinnlichen Fähigkeiten weiter zu entwickeln, und um deine geistigen Kräfte zu trainieren, solltest du ihn so oft wie möglich durchführen.

Suche dir einen ruhigen Platz, an dem du völlig ungestört bist, und setze dich bequem hin.

Schließe deine Augen und atme für ein oder zwei Minuten tief ein. Du solltest Körper und Geist völlig entspannen, und wenn sich trotzdem ein paar negative oder störende Gedanken in deinen Kopf schleichen, atme durch sie hindurch, bis du innerlich völlig ruhig bist und dich frei und aufnahmebereit fühlst.

Öffne die Augen und halte beide Hände vor deinen Körper. Stelle dir vor, du würdest einen Ball in deinen Händen halten – etwa so groß wie eine

Apfelsine. Bilde dir ein, du könntest ihn fühlen, und konzentriere dich auf seine runde Form. Sobald du ein gutes Gefühl für den Ball hast, stelle dir vor, er würde die Farbe Rot annehmen und sich erwärmen, dann, er würde blau und wieder kühler. Danach wirfst du den Ball ganz leicht in die Luft, fängst ihn wieder und fühlst sein Gewicht in deinen Händen. Um den Hexenspruch zu beenden und zu besiegeln, legst du den Ball schließlich vorsichtig vor deine Füße.

Der Naturspruch

Der alte Ausspruch »auf Holz klopfen« stammt von den Druiden, die auf einen Eichenbaum klopften, um den Geist der Natur zu begrüßen.
Dieser Zauberspruch wird dir helfen, deine innere Mitte zu finden, und dich von aller nervösen Anspannung zu befreien.
Die beste Wirkung erzielst du um die Mittagszeit.
Ziehe dir die Kleidung aus Naturfasern an. Suche dir einen gesunden Baum und binde das Seil um seinen Stamm. Setze dich vor ihn auf den Boden und sprich die folgenden Worte:

O großartiger Baum,
O starker Baum,
schenke mir dein
heilendes Herz
für den heutigen
Tag.
O großartiger Baum,
O starker Baum,
heile mein Herz.
Gesegnet seist du,
O Baum.

Nun lege deine Arme um den Baumstamm und drücke dich für einen Moment liebevoll an ihn. Schaue nach oben in die Krone und versuche zu spüren, wie die Le-

Für diesen Hexenspruch benötigst du die folgenden Zutaten:

Ein paar saubere, einfache Kleidungsstücke aus einem natürlichen Material

Ein langes Seil oder Band

Hexensprüche für den Rest deines Lebens ★ 115

benskraft des Baumes dich mit einer heilenden Energie erfüllt.
Sobald du die Energie in dir fühlst, nimm das Seil wieder ab und rolle es zu einem Knäuel zusammen. Trage es stets bei dir – es soll dir Glück bringen.

Der Abschiedsspruch

Für diesen Hexenspruch benötigst du die folgenden Zutaten:

Deine Lieblingskleidung

Etwas Make-up

Einen Spiegel

Ein Ei

Zwei weiße Kerzen

Etwas Rosmarin

Etwas Kamille

Es gibt Zeiten, da wissen wir zwar, daß eine Beziehung definitiv und endgültig vorbei ist, doch wir kommen einfach nicht darüber hinweg. Dieser Hexenspruch wird dir helfen, dein verletztes Herz zu heilen, und ehe du dich versiehst, bist du schon wieder ganz die Alte.

Die beste Wirkung erzielst du an einem Samstag um fünf Uhr nachmittags. Nimm ein Bad oder eine Dusche und ziehe dir deine Lieblingssachen an. Schminke dich ein wenig und setze dich vor einen Spiegel. Lege die Zauberzutaten vor dich auf einen Tisch oder einen flachen Untergrund. Zünde die Kerzen an und verteile ein wenig von dem Rosmarin und der Kamille um dich herum. Atme zur Entspannung ein paarmal tief ein. Dann nimmst du das Ei vorsichtig in eine

Hand und sprichst
die folgenden Wor-
te:

*Weder Trauer noch
Schmerzen
wohnen fortan in
meinem Herzen.
Das Universum
schenkt mir die
Liebe,
die Liebe und den
inneren Frieden, den
ich verdiene.*

Schaue weiter in
den Spiegel und rol-
le das Ei vorsichtig
über deine Stirn.
Stelle dir vor, alle

negativen Gedanken
und Gefühle würden
in das Ei hinein-
fließen.
Danach wirfst du
das Ei in den Müll.

MERKE

ICH BIN

DIE *MEISTE*

MEI

Sc

RIN

ES EIGENEN

HICKSALS

Der Kristallsänger Spruch

Für diesen Hexenspruch benötigst du die folgenden Zutaten:

Eine weiße Kerze

Einen Chrysolith-Kristall

Wußtest du, daß Kristalle deine Energie spüren können? Wissenschaftler sind gerade erst dabei zu begreifen, welche unglaublichen Fähigkeiten Kristalle besitzen, während Magier schon immer um ihre kraftvolle Ausstrahlung wußten.

Dieser Hexenspruch wird dir dabei helfen, deine sprachlichen Ausdrucksfähigkeiten zu verbessern, damit du dich anderen verständlicher machen kannst.

Die beste Wirkung erzielst du, wenn du ihn um acht Uhr abends oder morgens durchführst. Zünde die Kerze an und halte den Kristall in deiner Hand, während du die folgenden Worte sprichst:

Ah Oh Mein

Wiederhole diese Worte so oft, bis du sie singst. Fühle, wie sich der Kristall in deiner Hand erwärmt, und stelle dir vor, deine Stimme würde durch den Kristall hindurchfließen.

Der Spruch für einen schönen Körper

Bei all dem Wahn um das Körpergewicht heutzutage ist es nicht weiter verwunderlich, daß wir ab und zu das Gefühl haben, wir müßten mal wieder ein paar Pfunde loswerden. Sucht nach Süßigkeiten und Übergewicht bedeuten häufig, daß du dich vor der Außenwelt schützen willst – so als würdest du dich mit einem Schutzpanzer umgeben.
Du solltest dich gegen diese Gefühle nicht wehren, sondern sie annehmen und versuchen, den Grund deiner Angst zu verstehen. Üppige Rundungen sind hier nicht das Problem. Du brauchst dir nur einmal klarzumachen, wie häufig die Gesellschaft ihr Schönheitsideal verändert. Unterwirf dich also nicht sklavisch den Meinungen anderer Leute – du bist schön, so wie du bist.
Dieser Hexenspruch wird dir dabei helfen, dich in deinem Körper wohler zu fühlen und ein positiveres Bild von ihm zu entwickeln – und siehe da, wunderbare Dinge werden geschehen.
Die beste Wirkung erzielst du um sieben Uhr morgens oder abends.
Beginne mit einem

Für diesen Hexenspruch benötigst du die folgenden Zutaten:

Sanfte Musik

Etwas Parfum

Dein(e) Lieblingskörperöl oder -lotion

Etwas Hennapulver

Einen kleinen Pinsel

Eine Halskette

Ein Fußkettchen

ausgiebigen Bad oder einer Dusche. Trockne dich ab und begib dich in dein Schlafzimmer. Dämpfe das Licht etwas und lege sanfte Musik auf. Und nun reibst du deinen Körper mit dem Parfum und dem Öl ein. Nimm dir alle Zeit der Welt, streichle langsam jeden Teil deines Körpers und spüre, wie wunderbar sanft sich deine Haut anfühlt. Rühre etwas Henna mit Wasser an und male einen roten Punkt auf deine Stirn sowie jeweils einen Stern auf deine beiden Handrücken. Lege die Halskette und das Fußkettchen um und stelle dich,

die Handrücken
nach außen gedreht,
vor deinen Spiegel,
während du die folgenden Zauberworte
sprichst:

*Spieglein, Spieglein
an der Wand,
wer ist die Schönste
im ganzen Land?
Ich bin es – und
mein Körper ist
mein heiliger
Tempel.*

Führe diesen Hexenspruch so oft durch,
wie du willst.

Der Wünsche werden wahr Spruch

Dies ist ein interaktiver Hexenspruch, bei dem du dich mit Athenas und Deborahs Belthane-Energie verbindest, die dir helfen wird, deine größten Wünsche zu verwirklichen. Am besten wirkt er an einem Neumondabend.

Jedes der hier abgebildeten Symbole birgt einen bestimmten Zauber. Suche dir das Symbol aus, das dir am besten gefällt, und aktiviere es, indem du deinen Zeigefinger darauf legst.

Nun stelle dir vor, du wärest von goldenem Licht umgeben und fühle, wie sich das Symbol erwärmt und mit Kraft erfüllt.

Sprich deinen Wunsch laut und deutlich aus und schließe mit den folgenden Worten:

Ich bin ein Kind der Liebe.
Das Orakel liebt mich
und gibt mir alles, was ich brauche.

Um die volle Wirkung des Zaubers auszuschöpfen, sollte sich niemals irgend jemand außer dir mit Hilfe dieses Symbols etwas wünschen.

Hexensprüche für den Rest deines Lebens ★ 125

Der Magie ist überall Spruch

Für diesen Hexenspruch kannst du die folgende Zutat verwenden, mußt es aber nicht unbedingt:

Einen Kristall

Wo wirken Hexensprüche am besten? In Wäldern, Ruinen, Höhlen, Wüsten, auf Berggipfeln, neben einem Baum, der von einem Blitz getroffen wurde, in der Nähe von Hinkelsteinen und antiken Monumenten, an der Meeresküste und an den Ufern großer Flüsse sowie an Wegkreuzungen. Doch warum so kompliziert, wenn es auch einfacher geht – dein Zuhause ist ebenfalls ein Ort, an dem du wunderbare Ergebnisse erzielen kannst. Es ist auf jeden Fall deine Machtzentrale, und außerdem bist du dort ungestört und für dich allein.

Wenn jemand dich fragt: »Wo finde ich Magie?«, dann kannst du jetzt antworten: »Wo gibt es denn keine Magie?« Magie steckt in allem und jedem, und selbst im Supermarkt um die Ecke oder in einer lauten Disco kannst du dich mit ihrer Kraft verbinden.

Dieser Hexenspruch wird dir helfen, den Wirkungsbereich deiner übersinnlichen Kräfte zu erweitern.

Hexensprüche für den Rest deines Lebens ★ 127

Während du den Spruch durchführst, kannst du einen Kristall zur Hand nehmen, es ist aber nicht unbedingt notwendig. Atme ein paarmal tief durch und strecke Rücken und Rückgrat, damit die Energie gleichmäßig durch deinen Körper fließen kann. Fühle, wie du dich öffnest, und stelle dir vor, ein Wasserfall weißen Lichts würde über dich fließen und dich mit Energie erfüllen. Das Licht umhüllt dich nun ganz und wird zu einer Art Kokon.

Lasse dich von dem weißen Lichtkegel massieren und stelle dir vor, du würdest dich gerade in einen wunderschönen Schmetterling verwandeln, der aus seiner Puppe herausschlüpft, um in die Welt hinauszufliegen. Öffne deine Arme so weit du kannst und laß das Licht wieder von dir abstrahlen, damit es in die Luft zurückfließen und alles um dich herum mit Liebe und Energie erfüllen kann.